BARREAU DE POITIERS

DE LA

DIFFAMATION DES MORTS

DISCOURS

PRONONCÉ

A LA SÉANCE SOLENNELLE DE RÉOUVERTURE DE LA CONFÉRENCE
DES AVOCATS STAGIAIRES

Le 13 Janvier 1900

PAR

Robert RENOUARD

Secrétaire de la Conférence
Avocat à la Cour d'Appel

POITIERS
IMPRIMERIE BLAIS ET ROY
7, RUE VICTOR-HUGO, 7

1900

BARREAU DE POITIERS

DE LA

DIFFAMATION DES MORTS

DISCOURS

PRONONCÉ

A LA SÉANCE SOLENNELLE DE RÉOUVERTURE DE LA CONFÉRENCE
DES AVOCATS STAGIAIRES

Le 13 Janvier 1900

PAR

Robert RENOUARD

Secrétaire de la Conférence
Avocat à la Cour d'Appel

POITIERS
IMPRIMERIE BLAIS ET ROY
7, RUE VICTOR-HUGO, 7
—
1900

IMPRIMÉ AUX FRAIS DE L'ORDRE PAR DÉCISION DU CONSEIL

Aujourd'hui 13 janvier 1900, à deux heures, l'Ordre des avocats à la Cour d'appel de Poitiers s'est réuni en robes, dans la salle d'audience de la première chambre de la Cour, pour assister à l'ouverture de la conférence des avocats stagiaires.

Etaient présents : MM. BARBIER, bâtonnier, président; ARNAULT DE LA MÉNARDIÈRE, PARENTEAU-DUBEUGNON, ORILLARD, PAUL DRUET, SÉCHET, anciens bâtonniers; FAURÉ et MÉRINE, membres du conseil de l'Ordre; BONNET, DELEFFE, LAGARDE, ORILLARD fils, LÉVRIER, ROBAIN, THINAULT, RENELÉ, avocats inscrits au tableau.

La barre est occupée par MM. les avocats stagiaires.

M. le Bâtonnier annonce la reprise des travaux de la Conférence, et prononce une allocution consacrée à l'éloge funèbre de M. ERNOUL, ancien bâtonnier de l'Ordre, décédé le 5 septembre 1899, puis il donne la parole à M. RENOUARD, qui lit une étude sur la *Diffamation des morts*.

M. GUITTEAU donne ensuite lecture d'un travail sur les *Droits du spectateur au théâtre*.

Le Bâtonnier règle le service de la conférence pour les séances ultérieures, puis la séance est levée à quatre heures.

Le Secrétaire,　　　　　　　　　Le Bâtonnier,
Signé : A. TORNEZY.　　　　　　Signé : E. BARBIER.

DE LA DIFFAMATION DES MORTS

Monsieur le Batonnier,
Messieurs,

Parmi les nombreux sujets dont l'étude paraît séduisante, il en est où le plaisant se mêle agréablement au sévère, où les graves pensées peuvent harmonieusement côtoyer les images brillantes et se mêler, sans choc, aux saillies alertes de l'esprit. Non sans regret, je me suis laissé tenter par une question à laquelle je ne vois aucun aspect riant. C'est une région bien sombre où je vous prie de me suivre un instant. Heureux si, dans ce voyage austère, il m'arrive de rencontrer quelque idée juste, quelque noble pensée qui puisse vous intéresser un moment, et, peut-être même, vous émouvoir.

S'il est un sentiment intime et vénérable, inné dans nos âmes, n'est-ce pas le respect de la mort ? Chose étrange ! Nous pensons que le corps n'a de valeur que par l'âme qui l'habite, et pourtant, sitôt que cette âme immortelle a quitté cette enveloppe fragile, celle-ci nous paraît plus digne de tout respect et c'est devant elle que nous courbons la tête !

Ce sentiment qu'inspire la dépouille humaine se trouve partout et chez tous les peuples. C'est une vérité banale ! La doctrine chrétienne, elle-même, ne met-elle pas au même rang que la sublime charité l'acte pénible d'ensevelir les morts ? Et notre siècle, qui se fait gloire de n'honorer plus rien, notre siècle de sceptiques et de dilettantes, regardant sans émotion la vie comme un spectacle, ne s'incline-t-il pas devant un cercueil, dernier salut de l'humanité à l'être qui s'en va ? Consciemment ou non, c'est l'âme que nous respectons dans le temple quelques jours habité et vide désormais.

Et ce respect profond ne s'arrête pas au corps inerte ; il s'étend à la mémoire, au souvenir du trépassé. Comme il est pénible d'entendre décrier un défunt ! Et les méchants propos fussent-ils la vérité même, ne semble-t-il pas que l'on regarde profaner une chose sainte et que l'on écoute un blasphème ?

Et lorsqu'en ces paroles vous trouvez, non plus le souci de la vérité, le blâme d'une action condamnable, mais la rancune ou la haine survivant au trépas, oh ! alors, vous sentez la révolte vous monter au cœur et l'indignation vous envahir !

« Il n'est jamais bon que, sans cause grave, nécessaire, la réputation d'autrui soit déchirée, » disait le duc de Broglie à la Chambre des pairs. Si calomnier un vivant ou médire sur son compte est un acte blâmable, l'attaque dirigée contre un mort ne sera-t-elle pas plus dangereuse et plus coupable ? Lancez contre un vivant quelque imputation malveillante, en face de vous il se dressera pour y répondre et se justifier ! Qu'un homme au contraire vienne, aussitôt le dernier soupir d'un adversaire, alors que le corps est à peine raïdi, insulter sa mémoire et lui jeter le déshonneur, un autre se lèvera-t-il pour le défendre ? Au foyer du mort se trouveront peut-être, ne l'avons-nous pas vu ? une femme, un enfant, isolés dans la vie, sans fortune et sans protecteurs. D'ailleurs à ces accusations que répondre ? La défense sera parfois difficile. Celui qui, sans peine, aurait groupé les preuves en un solide faisceau, n'ayant point prévu l'odieuse diffamation, devait mourir sans y parer. Son ennemi a su choisir son heure, et sa faute s'est doublée d'une lâcheté.

Dans une affaire célèbre, le conseiller Plougoulm a dit ces paroles : « Messieurs, imaginez que, dans la loi, vous lisiez ces mots : « la diffamation est interdite à l'égard des vivants, elle est permise à l'égard des morts et nul ne vengera leur mémoire. » Quel législateur, direz-vous, aurait jamais pu écrire ces lignes ? La loi ne peut jamais ainsi révolter la nature, la blesser dans ses sentiments les plus délicats. » Et la pensée du rapporteur semble très juste ! Est-ce qu'à vous aussi cette simple phrase, si courte et si tranchante, ne semblerait pas monstrueuse ? Ne demanderiez-vous pas aussitôt l'abrogation d'un pareil article ? Et ce mouvement spontané serait suffisant à prouver combien la diffamation des morts vous semble odieuse et avec quelle force vous désirez sa répression !

Mais un acte peut être des plus coupables sans attirer les rigueurs de la loi. En ce monde, que d'infamies restent sans châtiment ! Elles ne dépendent point de la justice humaine ! Car, c'est un principe, il faut un intérêt pour avoir droit à réclamer une répression, il faut un préjudice dont on ait souffert.

Et dans la diffamation contre les morts, ce préjudice existe-t-il ? Certains ont dit : « La diffamation des défunts ! Certes ! C'est la chose la plus lâche et la plus coupable ! Mais pourquoi la punir ? Où donc est la victime ? Voulez-vous briser la pierre du sépulcre, déclouer le cercueil et traîner le mort hors du tombeau ? Entendez-vous ses protestations ou ses plaintes ? Mais depuis Hamlet, les morts ne parlent plus ! »

Illusion ! l'on n'atteint pas une ombre vaine ! Si le terme de toutes choses est ici bas, si la tombe est la fin suprême, qu'importe au néant les attaques des êtres promis au néant ? Si tout au contraire l'âme s'envole, que peuvent lui faire la haine et les injures des humains ? Dans ces régions élevées et lointaines, nos colères peuvent-elles la toucher ?

C'est parler avec une raison droite et ferme. Sans doute ! la mémoire est quelque chose de très réel ! Sans doute ! les souvenirs que nous laissons, l'impression faite sur nos semblables par nos qualités, nos défauts, nos habitudes et nos actes, tout cela, né de nous, doit légitimement nous survivre. Nul n'a le droit d'y toucher méchamment. « La mort est une grande rature passée sur la vie, » a dit Bossuet. Pouvez-vous croire qu'il ait voulu rejeter toute survivance du souvenir ? Son génie si sûr devait le garantir d'une telle erreur, et ce ne peut être sa pensée !

Notre mémoire ! Mais tous nous voudrions la voir, ou se transmettre sans tache ou s'éteindre graduellement dans l'oubli ! Mais malgré tout, malgré les phrases éloquentes et les tirades enflammées, il faut admettre, en fin de compte, que les défunts ne souffrent pas en leur mémoire atteinte et qu'une peine fondée sur le seul intérêt du mort aurait peut-être une base par trop fragile.

Si la législation française s'est, en notre matière, montrée

protectrice peu généreuse, elle semble avoir défendu, avec
un soin plus jaloux, d'autres intérêts voisins. Quand, à propos des peines des violations de sépultures, l'orateur du
gouvernement disait : « La loi n'abandonne pas l'homme
quand il a cessé de vivre, » ne semblait-il pas poser un
principe ? Et lorsque la jurisprudence applique largement
les articles 340 et 471 p. 15 du Code pénal et le décret de
prairial an XII, lorsqu'elle punit par exemple ceux qui viennent arracher les fleurs entretenues sur les tombeaux ou
mieux encore, lorsqu'elle frappe des hommes oublieux du
respect du cimetière, qui osèrent, dans un tel lieu, manipu-
ler et transvaser des vins, ne paraît-elle pas s'inspirer des
vieilles idées romaines, et n'aperçoit-elle pas derrière les
tombes l'ombre des morts offensés ?

Dans cet ordre d'idées, l'ancien article 447 du Code d'ins-
truction criminelle n'est pas dépourvu d'intérêt. Une accusation pour meurtre avait-elle entraîné la condamnation
d'un homme ; si la prétendue victime se retrouvait vivante,
la mort du condamné ne pouvait faire obstacle à la revision
du procès. La regrettable erreur ne devait pas peser plus
longtemps sur le mort, et la loi prévoyante avait soin de
prescrire à la cour suprême elle-même de nommer, afin de
suivre la revision, un curateur à *la mémoire* du défunt. Et
d'après l'article cité : « Si, par les résultats de la nouvelle
procédure, la première condamnation se trouve avoir été
portée injustement, le nouvel arrêt *déchargera la mémoire*
du condamné. »

Lorsque les incapacités sont réglées par le législateur, il
prend soin de marquer les indignes. C'est dans ce groupe
que vient se placer l'héritier, si, connaissant le meurtre de
son auteur, il a négligé d'avertir la justice.

Et pourtant la loi ne sait pas punir une simple abstention. Il lui faut en général quelque acte positif et plus précis. Ne frappe-t-elle pas ici, cependant, d'une véritable peine civile, et combien grave ! une de ces pures inactions que d'habitude elle veut ignorer ? Et ne base-t-elle pas ces dispositions rigoureuses sur sa seule volonté de voir respecter les morts ?

Également indigne, également privé du legs se trouve le légataire ingrat ! N'est-ce pas encore la mémoire du mort qui se trouve ainsi défendue ?

Éviter toute confusion, se garder de toute exagération paraît nécessaire ! Dans ces hypothèses, ce que veut le législateur, c'est bien la protection du mort et de sa mémoire, mais moins pour le mort lui-même que pour l'intérêt social et la conservation du bon ordre. On veut empêcher des faits révoltants de se produire, on veut faire cesser de véritables scandales !

L'intérêt public sert de base à ces dispositions, base suffisante, logique et parfaitement rationnelle !

Mais par la diffamation contre les morts, la société se trouve-t-elle si certainement atteinte et si gravement troublée qu'elle doive demander aux lois pénales de lui fournir des armes et qu'elle puisse, d'elle-même, chercher et punir le coupable ?

Combien de fois l'a-t-on dit? Dans sa marche régulière et normale, la société n'a pas trop de toutes ses forces et ne doit négliger aucun secours. Il est des idées fertiles et bienfaisantes, utiles auxiliaires qu'elle se doit ménager. L'estime de ceux qui nous précédèrent dans la vie, le culte de leur mémoire, la juste appréciation de leur vertu, pour retenir l'homme dans la voie droite, sont des moyens utiles et puissants. Un passé d'honneur est un solide appui, et l'on ne verrait pas si souvent ces fautes appelées ataviques, si le coupable avait pu, jetant les regards en arrière, trouver un peu de ce passé. Et la parole pressante du conseiller Delangle reste vraie : « Il faudrait plaindre le pays et l'époque où l'on ne verrait plus qu'un préjugé dans le sentiment de l'honneur des familles. Les traditions et les exemples y perdraient bientôt leur empire sur les cœurs desséchés par l'égoïsme. »

Il est des raisons meilleures et plus prochaines. Hélas ! Vous n'ignorez pas ce que coûte au pays les discordes sans cesse renaissantes.

Nulle époque ne vit d'aussi multiples dissensions ! Rarement elles furent plus profondes ! Et parmi les outrages proférés sans pudeur, la diffamation envers les vivants vient-elle seule aviver les haines et ranimer les colères ? Celle envers les morts, plus cruelle et plus impardonnable, la comptez-vous pour rien ? Écarter la première, laisser libre passage à la seconde, c'est établir pour la société une protection visiblement insuffisante ! Des sources du mal, seule la moindre est tarie. Pourquoi laisser subsister l'autre ?

La loi pourrait donc réprimer et punir, indépendamment de tout autre préjudice, des faits aussi dangereux pour la tranquillité publique et la paix intérieure du pays.

Seulement ces raisons si légitimes de frapper les diffamations envers les morts disparaissent ou, du moins; s'atténuent si, le temps ayant fait son œuvre, la famille est éteinte, ou si nul parent ne survit au défunt. Ne faut-il pas décider en face de ces raisons pareillement amoindries, si tant est qu'elles existent encore ! que la loi doit rester muette et se garder d'intervenir !

Et d'autre part, il est une règle prudente et sage, écrite dans nos lois. Le diffamé vivant a seul le droit de plainte, seul il peut juger la poursuite utile ou néfaste, seul il peut, à son gré, demander vengeance de l'outrage ou le couvrir de son pardon ! Son intérêt particulier sait primer tous les autres. Celui de la société vient s'effacer et disparaître dans son ombre. Dans les diffamations envers les défunts, n'y aurait-il pas, dès lors, une inconséquence, une inélégante solution, diraient les Romains, à fonder une action sur l'unique intérêt social, alors que des parents sont là, légitimes représentants du mort ? Leur réserver tous les droits, les laisser maîtres de l'action, n'est-ce pas la solution logique, la décision qui s'impose ?

Si le mur qui nous sépare des morts est tellement élevé que le défunt soit hors d'atteinte, ne peut-il exister des êtres nés de sa chair, des êtres du même sang, sur qui la déconsidération va retomber pesamment ? On a parlé de solidarité d'honneur ! Elle ne va pas sans solidarité de honte. Idée terrible ! L'homme est responsable de fautes qu'il n'a point commises, il en supporte les lourdes conséquences. Les crimes des pères seront punis dans leurs enfants, dit la parole sacrée, et l'ancienne législation, qui n'avait pas, comme la divine justice, l'éternité pour réparer les maux injustement soufferts, appliquait durement cette idée, lorsqu'elle contraignait par exemple les parents de Damien à modifier leur nom, et à subir les douleurs de l'exil ! La honte d'un coupable atteignait alors la famille entière ! Quelqu'un menait-il une vie de criminelle débauche, il appartenait aux parents de faire cesser un tel scandale ! Demander une lettre de cachet, c'était pour eux sûrement l'obtenir et l'emprisonnement du coupable durait en principe autant qu'il paraissait utile à leur raison.

Bienfaisante ou néfaste, juste ou cruelle, l'idée qui régna si longtemps domine encore les masses. Le patrimoine d'estime ou d'illustration laissé par les pères, c'est pour les fils un véritable bien que nul ne peut toucher sans leur nuire. Les richesses matérielles amassées lentement par ceux qui précédèrent les générations actuelles, ce capital acquis péniblement, a, certes, moins de prix que l'honneur qu'ils ont su, par les plus généreux efforts, accumuler pendant de longs siècles. Au même titre, non ! à un titre meilleur et plus élevé, c'est un patrimoine ! La loi pénale frappe sévèrement ceux qui dérobent les biens matériels, laissera-t-elle impunément voler l'honneur ? Laissera-t-elle l'héritier sans défense, ne mettra-t-elle pas entre ses mains l'arme pour punir les coupables ?

La loi doit aux personnes une sérieuse protection contre la mésestime résultant pour elles des diffamations dirigées contre des parents morts. Elles les doit aussi garantir des souffrances que l'on veut méchamment leur causer. A ce titre, la diffamation des morts est essentiellement dangereuse ! S'il est quelque chose de vrai dans les affirmations des diffamateurs, dans cette révélation, que de chagrins, de douleurs, de désillusions et de peines ! Et si transparente que soit la calomnie, la certitude, dans l'âme troublée des parents, se fera-t-elle complète, et ne restera-t-il jamais un doute des plus douloureux ? Seront-ils jamais assurés que celui qu'ils ont aimé demeure sans tache aux regards de la foule ? Ne se souviendront-ils pas du mot universellement attribué à Voltaire : « Mentez, mentez toujours, il en restera quelque chose ! »

Pour toutes ces raisons, il serait à souhaiter que toujours le parent ou l'héritier pût poursuivre le diffamateur. Point n'est besoin qu'on ait voulu personnellement l'atteindre ! Le délit lui porte toujours préjudice et cela devrait, en bonne législation, lui suffire.

Ces idées précédemment émises, mais la loi les reconnaît lorsqu'elle permet au fils ayant payé les dettes de son père failli, d'obtenir la réhabilitation de son auteur ! Elle les reconnaît mieux encore dans la loi du 29 juillet 1867 sur la révision des procès.

« Le droit de demander la révision appartiendra, dit-elle, après la mort du condamné, à son conjoint, à ses enfants, à ses parents, à ses légataires universels ou à titre universel, à ceux qui en ont reçu *mission expresse*. »

Ne semble-t-elle pas, dans l'opposition des idées, reconnaître formellement aux parents la mission *tacite* et *certaine*, le *devoir moral, mais impérieux*, de prendre en main la défense de la mémoire du mort.

Et si ce devoir existe, il ne saurait se renfermer dans cette étroite hypothèse ! Il est pour l'héritier plus large et plus général et la loi lui doit le moyen de l'accomplir toujours. Et de ces moyens, le meilleur n'est-il pas l'action pénale ? N'est-ce pas, aux yeux mêmes de la loi, le plus puissant, celui qu'elle accorde au diffamé vivant ? Et si l'imprudente législation ne permet pas aux parents des victimes de venger légalement un mort, avec quelle inexorable fermeté, et même de quel droit viendra-t-elle frapper ceux qui, dans une émotion légitime, entraînés par une juste colère, auront châtié les insulteurs ? Défendre les duels et proscrire les violences, c'est un droit que nul ne conteste à la loi. Mais alors qu'elle assure du moins entre les mains des parents une répression sérieuse et suffisante des diffamations dirigées contre un mort !

Tous, philosophes, écrivains et penseurs, feraient volontiers droit à ces demandes si l'on n'objectait pas avec force la liberté de la critique et les immunités de l'histoire.

On a parlé bien souvent du mur de la vie privée, mur infranchissable, inaccessible. Cette expression vieillie n'était pas sans valeur. Seule son incessante répétition fit naître le sourire. L'homme modeste et caché, dédaigneux des honneurs et vivant dans l'oubli, lorsqu'il a quitté ce monde, a les droits les plus absolus à l'oubli.

« La réputation d'un homme est un peu l'œuvre commune des autres, a dit pourtant M. Faustin Hélie, et tous dans une certaine mesure la peuvent apprécier. » Mais s'il est impossible d'empêcher chacun d'émettre ses pensées, de discuter la valeur d'un défunt, il ne devrait être permis à personne, par des paroles ou des écrits, de rien publier contre la mémoire du mort. C'est chose sacrée que l'on ne peut atteindre sans des raisons dominantes, sans des raisons supérieures ; il n'en existe pas ici !

Mais il ne saurait en être ainsi pour ceux qui d'eux-mêmes, écrivains, artistes, hommes publics, se sont volontairement soumis aux jugements et aux critiques. Encore faut-il se garder, sous prétexte de juger mieux son œuvre, d'atteindre l'homme en sa vie privée ! On ne saurait surtout exclusivement protéger la mémoire de ceux que l'histoire a saisis.

Connaître tout ce qui touche aux peuples, aux grandes familles, étudier les races, les institutions, les formes politiques, les événements qui modifièrent le monde est un droit pour les intelligences. C'est un vaste champ qu'on ne peut arbitrairement leur fermer !

Indépendamment d'ailleurs de cet intérêt spéculatif, l'histoire a son but noble et sa destinée sublime. C'est une leçon, cause d'incessants progrès ! Si l'on savait écouter sa grande voix, rien n'entraverait la marche en avant. Elle enseigne de quelles fautes sont nés malheurs et calamités. Elle dit quels héroïsmes ont pu préserver la Patrie. Elle montre quelles causes profondes ont engendré les souffrances sociales. Elle indique l'effet puissant et redoutable des doctrines. Toutes choses dont il faut tirer profit !

Mais l'histoire rencontre les hommes, et ne peut voiler leurs actes et cacher leurs turpitudes. Le rôle qu'ils ont joué les donne à l'histoire et elle les prend tout entiers. L'intérêt commun veut-il que l'on connaisse les détails de leur vie ? Leur vie, telle qu'elle fut, apparaîtra ! Et s'il s'y trouve quelque action blâmable, l'historien la révélera, bien plus, avec force, il la flétrira, et les accents de sa juste indignation ne seront qu'un hommage à la vertu !

L'œuvre délicate de l'historien, dit-on, ne va pas sans pénible travail et sans difficultés. Sa tâche est déjà lourde. L'écrivain doit être affranchi de toutes les entraves pour s'avancer librement dans ses recherches. Il ne faut pas que, sous sa plume, chaque ligne, soulevant des colères, puisse mériter un châtiment. On ne peut lui laisser craindre des poursuites ! l'on ne peut suspendre sur sa tête la menace incessante de cette épée de Damoclès !

Pour le véritable historien le glaive est sans tranchant ni pointe ! Le minutieux examen de ce qu'il doit rapporter, l'étude sans haine comme sans parti pris, voilà son partage et son lot. Sur sa route, s'il trouve de ces faits qui vont désoler des familles, il redouble alors de prudence et d'attention et se garde de lancer des affirmations mensongères ! Que peut-il craindre ? Sera-t-il condamné sans faute ? « On doit des égards aux vivants, on ne doit que la vérité aux morts, » a dit Voltaire. Dans sa conscience d'historien, il apporte la vérité, ou ce qu'il a cru tel ? Nul reproche ne peut l'atteindre et devant lui la loi se trouve désarmée.

Et même si quelque erreur nuisible s'est glissée dans son œuvre, s'il a péché par imprudence ou par légèreté, nul doute qu'il doive être absous. S'il peut être tenu en vertu des grands principes du droit civil, pénalement il ne saurait l'être il ne le sera jamais!

Mais si nous sommes en présence de ces pamphlétaires hardis, insultant avec audace les morts et les vivants, ennemis de toutes mémoires restées pures, pourquoi protéger une race aussi malfaisante ? Ceux-là seuls pourront craindre, qui, sous couleur d'histoire, font œuvre de mensonge ou de haine, et vous ne pensez pas, sans doute, qu'un tel résultat soit mauvais !

— L'historien doit la vérité ! Les tribunaux devront donc, pour l'appréciation de sa bonne foi, dégager l'exactitude historique. Mission nouvelle pour les juges ! Auront-ils les aptitudes, les connaissances particulières qu'exigent ces questions spéciales ? Mais, en vérité, des litiges difficiles, demandant pour leur solution les connaissances professionnelles les plus spéciales, ne sont-ils pas souvent portés devant nos tribunaux ? Les jurés, ces juges d'occasion, doivent parfois les trancher. Leur jugement alors s'entoure de garanties, l'opinion des hommes compétents les éclaire ; puis

après ces prudentes mesures, tous s'inclinent devant leur sentence.

Voici l'objection formidable ! A voir l'histoire traînée au greffe, la justice n'a rien à gagner ! Les juges, mêlés aux agitations de la vie, peuvent appartenir à des partis. Dans ces procès, souvent politiques, que deviendra leur dignité ? Quelles colères, quelles imprécations, quelles injures vont accueillir leur décision ? S'ils ont jugé dans leur âme et conscience, pour certains, ce ne sera que flagrante injustice et qu'odieuse iniquité. Les tribunaux n'ont pas certes mérité de pareilles, d'aussi dures épreuves !

Mais le caractère politique de certains procès ne les empêche pas d'habitude d'être soumis à ces juges ! Pourquoi, dans le cas de diffamation envers les morts, en serait-il autrement ?

D'ailleurs, et c'est la vraie réponse, ces mêmes questions se posent quant à la responsabilité civile de l'historien. Faudra-t-il, pour les mêmes raisons, refuser toute poursuite ? Si personne ne l'a soutenu, si personne ne va jusqu'à cette conclusion, logique pourtant, c'est que le point de départ est mauvais et qu'il doit être abandonné ! D'ailleurs c'est à l'État d'avoir des juges impartiaux et intègres. Leur honorabilité reconnue les aura vite placés à l'abri des plus perfides comme des plus violentes attaques !

Les législations les plus diverses se préoccupèrent d'assurer le respect des morts. L'ancienne Égypte en fournit un exemple étrange. Pour protéger l'honnête homme jusqu'au-delà du trépas, un jugement intervenait. Le jour de l'ensevelissement, devant les magistrats toute accusation pouvait être portée contre lui. Ses parents, ses amis avaient la mission d'y répondre. Si nul n'attaquait sa mémoire ou si l'ad-

versaire était confondu, on lui faisait alors de magnifiques
funérailles et son souvenir restait sacré.

Même provoqué par les descendants du défunt, nul ne
peut injurier un mort. Telle était la loi d'Athènes et de Solon.
Peut-être même la répression d'un pareil outrage était-elle
plus sévère que celle des diffamations contre les vivants.
C'est du moins l'interprétation d'un passage de Démosthè-
nes, en son discours contre Leptine.

La loi romaine, avec son respect de la famille, ne pouvait
en cette grave question rester indifférente. L'assimilation
paraît complète, les vivants sont insultés dans les morts :
interdum ex persona defunctorum injuriam pati videmur.

Et dans la loi *Cornelia de famosis libris :* « Si l'on commet
quelque insulte envers le cadavre de celui dont nous recueil-
lons les biens, nous pouvons intenter en notre nom l'action
d'injure, car notre considération est intéressée dans l'outrage dont le défunt est l'objet. Il en est de même d'une
attaque dirigée contre sa réputation.

« Item si forte cadaveri defuncti fit injuria, cui heredes
existimus, injuriam nostro nomine habemus actionem.
Spectat enim ad existimationem nostram si qua ei fiat injuria. Itemque est, si fama ejus cui heredes existimus laces-
satur. »

Une remarque s'impose. L'action romaine n'emportait
qu'une condamnation pécuniaire. C'était entre les parties
une sorte de composition. Plus tard, à la suite de la loi
Cornelia, portée par Sylla, à l'offensé fut laissé le choix ou
de l'action primitive, ou d'une poursuite aboutissant à de
véritables peines.

Notre ancien droit recueillit fidèlement cette règle et les
auteurs l'admettent sans divergences. Les légistes du

xvi° siècle dans la *Praxis criminalis* commentent simplement l'idée romaine : « Injuria non censetur facta defuncto,
quia postquam quis est mortuus non potest plus aliquo modo
offendi, sed bene dicitur facta heredibus quia propterea
proprio nomine habent injuriam actionem. »

C'est ce que nous dit également Voet, et dans le même
latin. Il accorde l'action même aux héritiers renonçant à la
succession, « car c'est une grave ignominie d'avoir un père
injuste et coupable ».

Muyard de Vouglans indique « la poursuite et la puni-
tion » de la « diffamation calomnieuse ». Il semble ne faire
aucune différence, qu'elle vienne frapper un vivant ou qu'elle
soit dirigée contre un mort.

Dans son étude de droit public, Domat n'ajoute rien :
« Si l'insulte est faite au cadavre, à la mémoire ou au
sépulcre du défunt, l'héritier est en droit d'en demander la
réparation, parce que c'est, en quelque manière, l'attaquer
lui-même que d'attaquer la mémoire de celui à qui il a suc-
cédé et qu'il représente. »

Tandis que dans une forme tant soit peu vieillie, Fer-
rières accorde les poursuites « parce que l'honneur du
mort rejaillit sur ceux qui le représentent. C'est un bien
héréditaire qui donne du relief à la famille ».

Il faut également citer un arrêt du Conseil de 1743, déci-
dant que « ceux qui imprimeront ou feront distribuer des
libelles contre l'*honneur et la réputation des familles* et des
particuliers seront punis suivant la rigueur des ordon-
nances ».

Le principe s'est donc présenté au législateur moderne,
avec la force et l'autorité d'une longue tradition. Celui-ci,
tout d'abord, ne semble pas l'avoir aperçu. Dans la période

intermédiaire, l'on n'en trouve aucune trace, et lorsque le Code pénal parle de la calomnie, il n'assure que la protection des vivants.

Puis, après la période troublée qui suivit la chute de l'Empire, survinrent, pour réprimer les diffamations trop nombreuses, les lois du 17 et du 28 mai 1819. Elles ne surent pas prévoir les outrages aux morts. Un champ vaste s'ouvrait aux controverses. Dans des procès à jamais célèbres, se produisirent de magnifiques discussions.

Deux systèmes se firent des partisans déterminés et se montrèrent au grand jour. Un autre, plus timide, se laissa vaguement entrevoir, puis s'effaça sans bruit.

La solution des tribunaux et des cours avait pour premier mérite une extrême précision. En aucun cas, il ne pouvait y avoir de délit de diffamation envers les morts. Pour soutenir cette doctrine, l'on groupait un formidable ensemble d'arguments. « Les délits ne se peuvent créer. Ils doivent naître d'articles précis. Où trouver dans la loi la répression de la diffamation des morts. Son texte n'en parle pas. Il ne veut, au contraire, que défendre « l'homme et la considération des personnes » et les personnes sont les êtres vivants. On peut avoir d'ailleurs du respect pour les morts, mais non pas leur montrer de la « considération ». Le terme serait étrangement impropre. Si la loi reconnaissait un tel délit, nul doute qu'elle n'ait alors réglé son application délicate et fixé notamment les prérogatives de l'histoire. »

En conséquence, les droits de l'héritier se trouvaient très restreints. Le droit de plainte ne lui appartenait qu'autant que l'outrage au mort était dans la pensée du diffamateur destiné à l'atteindre, lui, l'héritier, et qu'au fait il était personnellement blessé.

Mais, chose curieuse, chaque fois que de tels arrêts étaient déférés à la cour suprême, la cour, avec une antipathie constante, les anéantissait.

Les hauts magistrats voulaient une solution meilleure, la répression de la diffamation accordée dans tous les cas aux héritiers, seule façon équitable et juste de trancher la question. Mais, dominée par ces raisons supérieures, la cour était-elle dans son droit? Son rôle est d'appliquer la loi, non pas de la faire, et il semble bien qu'elle sortait quelque peu de son rôle !

Et sans doute, pour simplifier les choses, quelques tribunaux décidèrent, sans trop motiver leur opinion, que la diffamation envers les morts était punissable, lorsqu'il était prouvé que l'outrage, uniquement dirigé contre le défunt, atteignait gravement l'héritier.

Le législateur de 1881 ne pouvait ignorer ces divergences. En face de ces luttes continuées jusqu'à lui, parmi ces doctrines, il pouvait choisir. Il n'a pas manqué de le faire. Malheureusement, il y a de légitimes raisons de douter que dans ces opinions diverses il ait su discerner la meilleure, et son choix ne va pas sans entraîner quelques sévères critiques.

« Les articles 29, 30 et 31 ne seront applicables aux diffamations ou injures dirigées contre la mémoire des morts que dans les cas où les auteurs de ces diffamations ou injures auraient eu l'intention de porter atteinte à l'honneur ou à la considération des héritiers vivants. »

C'est l'art. 34 de la loi du 29 juillet 1881. Malgré son apparence fort claire, ce texte, entré dans nos lois presque sans discussion, n'est certes pas des meilleurs et notre admiration doit avoir des bornes ! Un soin plus minutieux aurait évité, par exemple, une erreur manifeste et reconnue. Les chiffres 29, 30 et 31 doivent se lire, à la vérité 31, 32 et 33, car c'est aux articles portant ces numéros et édictant des peines que le renvoi voulait être fait.

La volonté formelle du législateur de répudier la doctrine excellente de la cour de cassation apparaît tout d'abord en ce fait. La cour suprême accordait à l'héritier la poursuite, même si l'insulteur avait ignoré son existence. Les mots : héritiers vivants, visiblement employés pour héritiers connus, car autrement ils n'auraient aucun sens, suffisent à nous édifier. L'ancienne doctrine est volontairement abandonnée, et ses conséquences bienfaisantes sont à jamais rejetées.

Si toute discussion n'est point close, voici du moins la règle certaine.

L'outrage du mort est punissable, lorsqu'à la diffamation de sa mémoire s'ajoutent deux autres éléments : un préjudice souffert par l'héritier, une intention spécialement dirigée contre lui. Hors de ce cas, la législation pénale se désintéresse et se retire, et reste indifférente aux fautes les plus graves. Par elle-même et par elle seule, la mémoire du défunt cesse d'être digne de respect. Le législateur n'interviendra que si, dans la diffamation, se trouve quelque injure personnelle au vivant, comme si l'héritier n'avait de désir et de droit que pour sa propre vengeance ! Que le fils impuissant à obtenir justice se console, car, si ses intérêts sont ainsi sacrifiés, du moins la liberté de parole et d'écrit se trouve autorisée jusqu'à la licence !

L'héritier doit être personnellement atteint, et puisque la loi n'établit aucune présomption, il lui faut apporter la preuve du préjudice qu'il a souffert : preuve facile et résultant des

circonstances. Et pourtant la question paraîtra parfois délicate et des solutions contradictoires pourront intervenir.
Les mêmes difficultés ne se présenteront pas pour ceux qui
pensent, avec quelque raison, que l'injure rejaillit toujours sur
la famille. Ceux-ci ne pourront trouver dans les exemples
cités par les auteurs, une seule hypothèse où la diffamation
s'arrête uniquement à la mémoire du mort.

Lorsqu'il s'agit de la diffamation ordinaire, le fait même
de la publication emporte présomption de l'intention mauvaise. C'est l'ordre impérieux de la logique, et la doctrine
est formelle sur ce point. « Il faut, disait Portalis, il faut
que l'insulteur prouve sa bonne foi, son manque d'intention
de nuire jusqu'à l'évidence. ». Mais il ne saurait en être de
même ici. Le diffamateur peut avoir pour le mort une haine
profonde sans nulle antipathie pour les vivants. Le pesant
fardeau de la preuve incombe à l'héritier. Pesant fardeau !
car ce ne sera pas chose facile que traîner au jour une
pensée intime et volontairement cachée, mettre en lumière
une intention ! La charge sera d'autant plus lourde que le
diffamateur sera plus habile et par conséquent plus dangereux.

Devant une aussi légère protection du mort, plusieurs ont
pensé qu'elle n'existait pas. Pour ces auteurs, l'art. 34 ne
prévoit que la simple diffamation des vivants. Cette application d'un principe général à cette hypothèse particulière
n'irait pas sans de graves conséquences.

Vous le savez, le diffamateur jouit dans des cas déterminés du droit de faire la preuve, et cette faveur entraîne la
compétence du jury. De la qualité outragée dans la personne,
de son caractère public ou privé, dépend le règlement de
ces questions habituellement faciles. Quelle est ici, la vic-

time devant la loi des malveillantes paroles et des écrits perfides? Le diffamé, quel est-il? Est-ce uniquement l'héritier? S'il en est ainsi, qu'importe le mort? Qu'importent les faits qui lui sont reprochés, qu'ils visent le fonctionnaire public ou l'homme privé? Ces choses sont indifférentes. La seule personnalité du vivant reste en vue, et c'est d'après elle seule que se régleront les questions de l'admission de la preuve et de la compétence. Si l'article 34, au contraire, a voulu punir le délit spécial de diffamation des morts, l'on verra disparaître ce résultat logique, mais étrangement choquant. Le mort reprend sa place légitime.

A quel titre, dans quelle fonction l'insulteur a-t-il voulu l'atteindre?

Telle est, pour la solution des difficultés dont on a parlé, l'unique question qui se posera d'elle-même et qu'il faudra résoudre!

Avec la première doctrine, également, à tout héritier personnellement diffamé devrait appartenir l'action. Dans la seconde, il y a sur ce point controverse.

L'article 60 de la loi moderne, en son second paragraphe, réserve l'exercice de l'action pénale au diffamé lui-même. Dans cette disposition, des auteurs ont voulu voir l'exclusion de toute idée de diffamation des morts. Si l'on ne peut agir que parce qu'on est personnellement diffamé, la loi, en accordant l'action à l'héritier, le considère donc comme directement atteint.

Écarter de la discussion cet article est prudent, est sage. En l'édictant, le législateur n'a pensé qu'à la diffamation des vivants. La preuve est facile à fournir. Cet article lui-même, en ce même paragraphe précité, prend soin de le dire : il s'occupe uniquement des hypothèses prévues et réglées dans les articles 32 et 38, mais non pas en l'art. 34.

Il est en dehors de la question et n'a pas lieu d'intervenir.

Le législateur a voulu, vient-on dire, accepter la doctrine des Cours avec ses idées directrices et leurs conséquences. Et comme cette théorie repoussait énergiquement toutes diffamations des morts, force est bien d'admettre les mêmes principes aujourd'hui. Que les Chambres aient accepté les grandes lignes et les grandes idées pratiques de cette doctrine, nul n'y vient contredire ! Qu'elles aient voulu rejeter la jurisprudence de la cour suprême, c'est un fait certain !

Mais toute la question est de savoir si, dans l'article 34, on admet une *exceptionnelle* diffamation des morts. L'intention générale de la loi de la rejeter d'habitude et de suivre l'opinion des tribunaux et des cours ne saurait donc fournir un argument péremptoire.

Cette idée subtile sur laquelle on discute, cette délicate distinction a-t-elle même été entrevue par les législateurs? Le doute est permis en vérité ! A coup sûr, dans les rapides débats sur l'art. 34, personne n'en a signalé l'existence, et sans doute personne n'y a songé. Se rapporter au texte de la loi reste donc, pour le commentateur, la seule et dernière ressource.

Sans doute la circulaire ministérielle du 9 novembre 1881 semble formelle : « La loi repousse entièrement, dit-elle, la diffamation des morts. » Cette interprétation ne saurait lier personne. C'est une appréciation fort respectable, mais insuffisante par elle seule à former une conviction.

Il en est ainsi des paroles du rapporteur au Sénat : « Votre commission, déclare Pelletan, n'admet le délit de diffamation des morts qu'autant qu'elle passe par-dessus leur tombe pour aller frapper les vivants. »¦

On y veut trouver en faveur de la première doctrine, un argument plein de force. Il est difficile de partager cette manière de voir. Car enfin, il faut donner aux mots leur réelle signification ! « La loi *n'admet*, dit l'honorable sénateur, *la diffamation des* ¦*morts qu'autant* qu'elle atteint les vivants. » Mais elle l'admet donc en cette hypothèse ! Comment pour l'affirmer plus nettement l'orateur pouvait-il s'exprimer !

Au reste, si les paroles de M. Pelletan avaient le sens que certains leur donnent, et si les discours des rapporteurs avaient l'autorité des Évangiles, les malheureux commentateurs seraient gravement embarrassés. Dans les travaux préparatoires, se trouvent en effet ces mots de M. Lisbonne, rapporteur à la Chambre des députés, et leur mérite est au moins d'être clairs.

« L'honneur de ceux qui ne sont plus fait partie de leur héritage. La mésestime qui s'attache à la mémoire de celui qui a cessé de vivre rejaillit, dans une certaine mesure, sur son héritier. Diffamer l'un, c'est diffamer l'autre. »

« Le projet du Sénat ne se met pas en opposition avec ces vérités sociales, il les proclame au contraire en déclarant délictueuses les diffamations et les injures contre la mémoire des morts, dans les cas où les auteurs de ces méfaits auront eu l'intention d'outrager les vivants. »

La vérité, si difficile à dégager, paraît être telle. La diffamation des morts est punie. Elle forme un délit spécial ! C'est l'attaque à la mémoire du défunt que l'on frappe, mais seulement quand elle présente cette circonstance aggravante de viser et d'atteindre l'héritier. Dire que cette solution est une rare merveille de logique et de raison serait peut-être excessif, et cependant c'est bien elle que le législateur semble avoir choisie.

C'est l'idée se présentant d'elle-même et sans effort à la lecture du texte, et l'on en conçoit difficilement une autre. Si le législateur avait à tout jamais voulu rayer de nos codes la diffamation contre les défunts, l'article 34 était bien inutile et restait sans raison. Sans doute le silence ne pouvait suffire, en face d'une doctrine triomphante et que l'on jugeait défectueuse.

Mais il suffisait d'écrire simplement ces mots : « Il n'y a pas de délit de diffamation des morts. » La peine n'était pas bien grande et les principes généraux, dans leur application régulière, auraient permis aux héritiers identiquement la même action que celle que les partisans de la première opinion leur accordent aujourd'hui.

Les tribunaux ne s'y sont point trompés. Ils ont, notamment dans l'affaire Lebaudy contre la *Libre parole*, reconnu, chez les héritiers, le droit d'exercer deux actions : la poursuite ordinaire, répressive de la diffamation des vivants, et l'action spéciale au délit de diffamation des morts, reconnue par l'article 34 de la loi du 29 juillet 1881.

D'ailleurs, l'action n'étant donnée aux héritiers que parce qu'ils sont indirectement diffamés, il convient de l'accorder sans distinction, non seulement à tous les héritiers, même, suivant l'opinion commune, aux enfants naturels, mais encore à tout parent, dans les termes, bien entendu, de l'art. 34.

Telle est la règle et telle est la doctrine ! Si cette loi semble, avec raison, insuffisamment protectrice, quelques dispositions et quelques principes viennent atténuer, dans une certaine mesure, ce qu'il peut y avoir de néfaste dans ses effets.

Tout d'abord, et cela fut dit formellement à la Chambre, l'action civile est réservée. En l'absence de toute répression pénale, l'héritier lésé pourra saisir les tribunaux civils et demander réparation. Lorsqu'il pourra l'obtenir, ce sera vraiment une compensation bien minime et très insuffisante. Qu'importe des dommages-intérêts parcimonieusement accordés! Au mal moral, il faut un remède moral! L'outrage au mort fut public. La diffamation a peut-être eu un long, un douloureux retentissement! Devant les tribunaux civils, la poursuite passera inaperçue et la condamnation, fût-elle durement motivée, n'effacera rien dans l'esprit des masses. Le poison continuera son œuvre. L'héritier sera désarmé.

Les tribunaux ont un pouvoir plus large. Ils peuvent, en certains cas, apporter des remèdes plus puissants. C'est un droit incontestable pour eux d'arrêter la vente d'un ouvrage, de décider la suppression de certaines pages, ou, mieux encore, d'ordonner l'impression d'une réponse en face des passages calomnieux.

Ces mesures sont équitables et justes. Elles sont utiles. Mais ces excellents moyens ne peuvent s'employer toujours. Une diffamation verbale, par exemple, s'y soustrait par la force même des choses. Elles peuvent d'ailleurs empêcher une continuation de l'œuvre mauvaise, une augmentation du préjudice, mais non faire disparaître ou venger les maux déjà soufferts.

La protection la plus efficace du droit des survivants, la répression pénale mise à part, est assurément le droit de réponse. L'art. 34 l'accorde en tous les cas, l'art. 34 lui-même, comme si le législateur avait conscience du côté faible de son œuvre, et cherchait à le faire disparaître avec une hâte véritable et visible ! Ce droit de réponse, les héritiers l'auront toujours, même si les appréciations sont à peine malveillantes pour le défunt. Disposition parfaite !

Elle n'atteint malheureusement que la seule presse périodique. C'est immense, mais ce n'est pas tout ! Et puis, s'il se trouve toujours des personnes pour lire avec avidité les injures et les calomnies d'un pamphlétaire plus ou moins connu, s'en trouvera-t-il autant pour suivre la réfutation ? Le doute est au moins permis, et l'on peut craindre que la réponse, malgré les précautions de la loi, passe inaperçue. Il ne faut pas d'ailleurs oublier que, s'il faut arrêter avant tout la calomnie, le souci du législateur doit s'étendre plus loin. L'inutile et scandaleuse publication de fautes privées, mais réelles, qui va déshonorer sans raison des familles, doit être, au même titre, empêchée. Et là, en face de là cruelle vérité, le droit de réponse est illusoire et sans valeur, et toute protection disparaît.

Il vaut mieux trancher le mal à sa racine, il vaut mieux enseigner au diffamateur une sage réserve basée sur la crainte d'un juste châtiment. Se contenter d'atténuer le mal, chercher une insuffisante réparation du dommage, faire, en quelque sorte, des concessions au coupable sans oser l'atteindre sévèrement, est peu digne pour un législateur. Une solution plus nette est préférable. Les peines réprimant les outrages ne sont pas, en ce pays, tellement graves que l'on ne puisse avec avantage et justice les appliquer à toutes diffamations des morts.

S'il revenait sur sa précédente décision, s'il adoptait ces dispositions meilleures, le législateur accepterait des principes moins égoïstes et des idées plus larges ! Peut-être y viendra-t-il! De nombreuses nations lui ont déjà donné l'exemple, et l'on n'entend pas dire qu'elles aient eu jamais à se plaindre des règles édictées. L'Allemagne, l'Autriche, l'Italie, les Pays-Bas, le Portugal, la Belgique, la Finlande, et en Suisse les cantons de Bâle, Neuchâtel, Saint-Gall et Zurich frappent plus ou moins gravement les outrages aux morts.

Nul doute que cette disposition, admise en France, s'y montre bienfaisante! Il faut la souhaiter ardemment! Puisse-t-elle venir sans retard! Puisse-t-elle contribuer pour sa faible part à donner au pays ce calme et ce repos si nécessaires à sa prospérité comme à sa grandeur, ce calme et ce repos dont il a tant besoin! Peut-être, sous des lois prudentes et réfléchies, les inquiétantes discordes civiles finiront-elles par s'éteindre et disparaître! Peut-être, grâce à des dispositions sagement sévères, le pays se ressaisira et de nouveau, maître de ses forces, pourra reprendre, dans le concert du monde, la grande place qu'il y doit occuper.

Poitiers. — Imprimerie BLAIS et ROY, 7, rue Victor-Hugo.

www.ingramcontent.com/pod-product-compliance
Lightning Source LLC
Chambersburg PA